U0692710

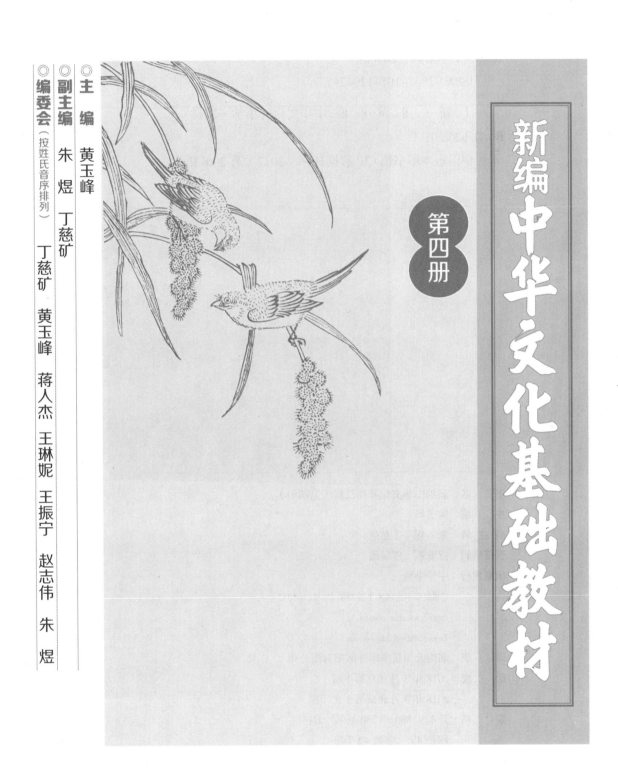

◎ 主　编　黄玉峰

◎ 副主编　朱　煜　丁慈矿

◎ 编委会（按姓氏音序排列）

丁慈矿　黄玉峰　蒋人杰　王琳妮　王振宁　赵志伟　朱　煜

新编 中华文化基础教材

第四册

中华书局

图书在版编目（CIP）数据

新编中华文化基础教材 . 第四册 / 黄玉峰主编 . ——
北京：中华书局，2018.3
ISBN 978-7-101-12942-7

Ⅰ . 新…　Ⅱ . 黄…　Ⅲ . 中华文化—小学—教材
Ⅳ . ①624.201

中国版本图书馆 CIP 数据核字（2017）第 290113 号

书　　名	新编中华文化基础教材（第四册）
主　　编	黄玉峰
副 主 编	朱　煜　丁慈矿
责任编辑	祝安顺　熊瑞敏
出版发行	中华书局
	（北京市丰台区太平桥西里 38 号　100073）
	http://www.zhbc.com.cn
	E-mail:zhbc@zhbc.com.cn
印　　刷	湖南天闻新华印务邵阳有限公司
版　　次	2018 年 3 月北京第 1 版
	2018 年 3 月北京第 1 次印刷
规　　格	开本 / 880×1230 毫米　1/16
	印张 $4\frac{1}{4}$　字数 40 千字
印　　数	1-3000 册
国际书号	ISBN 978-7-101-12942-7
定　　价	13.80 元

编写说明

　　一、《新编中华文化基础教材》是响应中共中央办公厅、国务院办公厅《关于实施中华优秀传统文化传承发展工程的意见》及教育部《完善中华优秀传统文化教育指导纲要》指导精神组织编写的中华优秀传统文化教材，一至九年级十八册，高中学段六册，共二十四册。

　　二、本教材以"立德树人"为教学宗旨，以分学段有序推进中华优秀传统文化教育为目标，注重培育和提高学生对中华优秀传统文化的亲切感和感受力，增强学生对中华优秀传统文化的理解力和理性认识，坚定文化自信。

　　三、本册教材供二年级下学期使用，包含十课，每课分为四个模块，分别为"识文断字""开蒙启智""诵诗冶性""博闻广识"。

　　1."识文断字"模块为汉字教学。每课选取三到五个汉字，列出该字的古今字形，多数配备生动形象的图片，解析汉字的造字原理和规律，说明字义的古今演变，让学生对汉字的造字规律及其背后的文化内涵有初步的印象和了解。

　　2."开蒙启智"模块为蒙学经典教学。每课选录古代蒙学经典的文段，辅以亲切简要的提示。内容选择上注重贯彻人格教育，引导学生了解、体会中华优秀传统文化的价值取向与思维模式，进而塑造良好的性格品质与行为方式。

　　3."诵诗冶性"模块为诗词教学。每课选录适合小学生诵读的经典诗词若干首。古典诗词是中华优秀传统文化的精髓，对于陶冶学生的思想情操，丰富学生的情感体验，提高学生的审美能力等都有重要意义。

4.“博闻广识”模块为文化常识教学。每课分主题介绍中华传统文化艺术各个方面的常识，拓展学生的文化视野。

本教材之编辑力求严谨，编写过程中广泛征求各界意见，期能以较完备之面貌呈现；然疏漏之处在所难免，敬祈学界先进不吝指正。

编者

2017 年 2 月

目 录

第一课　识文断字·妹、姑、姨、娘 ……………… 1

　　　　开蒙启智·《三字经》选段 ……………… 2

　　　　诵诗冶性·人日立春、春日偶成 ……………… 4

　　　　博闻广识·九州 ……………… 6

第二课　识文断字·婚、嫁、媳、婆 ……………… 7

　　　　开蒙启智·《三字经》选段 ……………… 8

　　　　诵诗冶性·城东早春、春日 ……………… 10

　　　　博闻广识·江河 ……………… 12

第三课　识文断字·粒、粉、粮、精 ……………… 13

　　　　开蒙启智·《弟子规》选段 ……………… 15

　　　　诵诗冶性·早春呈水部张十八员外、春宵 ……………… 16

　　　　博闻广识·五岳 ……………… 18

第四课　识文断字·饭、饼、饲、饱 ……………… 19

　　　　开蒙启智·《弟子规》选段 ……………… 21

　　　　诵诗冶性·雪梅二首 ……………… 22

　　　　博闻广识·黄山 ……………… 24

第五课　识文断字·编、缎、纹、绣 ……………… 25

　　　　开蒙启智·《弟子规》选段 ……………… 27

　　　　诵诗冶性·寒食、绝句 ……………… 28

　　　　博闻广识·喜马拉雅山 ……………… 30

第六课　识文断字·裳、衫、裤、裹 ……………… 31

开蒙启智·《弟子规》选段 …………… 33

诵诗冶性·春晴、游园不值 …………… 34

博闻广识·五湖四海 ………………… 36

第七课　识文断字·宇、寄、庭、府 ……………… 37

开蒙启智·《弟子规》选段 …………… 39

诵诗冶性·春暮、有约 ………………… 40

博闻广识·太湖 ……………………… 42

第八课　识文断字·柏、柿、桐、梅 ……………… 43

开蒙启智·《弟子规》选段 …………… 45

诵诗冶性·初夏睡起、客中初夏 ……… 46

博闻广识·鄱阳湖 …………………… 48

第九课　识文断字·根、杖、柱、架 ……………… 49

开蒙启智·《弟子规》选段 …………… 51

诵诗冶性·夏日田园杂兴（其一、其七）…… 52

博闻广识·洞庭湖 …………………… 54

第十课　识文断字·城、壁、基、墓 ……………… 55

开蒙启智·《弟子规》选段 …………… 57

诵诗冶性·鸟鸣涧、山中送别 ………… 58

博闻广识·大运河 …………………… 60

第 一 课

女字旁（ ）像两手相叠跪坐着的女子的样子，反映了古代女性端庄、温柔的形象，女字旁的字，意义大多数都和女性的动作或身份有关。

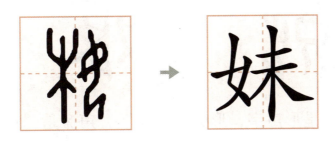

🔊 "妹"是形声字，形旁是"女"，声旁是"未"。"未"和"妹"的韵母都是 ei。妹妹是同父母，或只同父、只同母的比自己小的女孩子，也可以用来称呼同辈的年纪比自己小的女孩子。

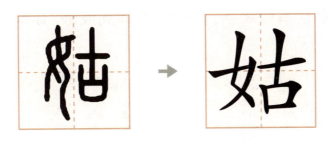

🔊 "姑"是形声字，形旁是"女"，声旁是"古"。古人将丈夫的母亲称为"姑"（今天称为婆婆），今天我们将父亲的姐妹称为姑姑，已经结婚的也可以叫姑妈。

📢 "姨"是形声字,形旁是"女",声旁是"夷"。我们将母亲的姐妹都叫做"姨",日常的口语中也可以把并非亲戚的中青年女性称为"阿姨"。

📢 "娘"是形声字,形旁是"女",声旁是"良"。在日常的口语中"娘"指的是自己的妈妈,而在"老板娘""厨娘""新娘""姑娘"这些词中则泛指女性。

开蒙启智

下面这些勤奋读书的故事,已经被提炼成成语。你知道是哪些吗?

一

rú fù xīn，rú guà jiǎo。
如负薪，如挂角。

shēn suī láo，yóu kǔ zhuó。
身虽劳，犹苦卓。

——《三字经》

📘 学与习

　　"薪"指的是柴草，"卓"是卓越，不平凡的意思。汉朝人朱买臣年轻时靠砍柴为生，他挑柴的时候，一边走路，一边背书。而隋朝的李密有次骑牛出门访友，在牛角上挂着书，一边走一边读。

二

rú náng yíng　　rú yìng xuě
如 囊 萤 ，　如 映 雪 。
jiā suī pín　　xué bú chuò
家 虽 贫 ，　学 不 辍 。

——《三字经》

📘 学与习

　　晋朝人车胤（yìn）家里穷，家里常常没有灯油供他夜读，于是他捉来许多萤火虫装在袋子里，照亮书本阅读。同为晋朝的孙康，冬夜利用积雪的反光来读书。我们今天要学习他们苦读的精神，但不必去模仿他们的行为哈！

3

同样是春天，各人有各人的看法。

人日立春
〔唐〕卢仝

春度春归无限春，
今朝方始觉成人。
从今克己应犹及，
愿与梅花俱自新。

春日偶成

〔北宋〕程颢

云淡风轻近午天，
傍花随柳过前川。
时人不识余心乐，
将谓偷闲学少年。

学与习

　　卢仝说，新春到了，要反思自己是否虚度光阴。要与梅花一起以新的面貌出现在世人面前。

　　程颢则说，云淡风轻的春天，自己看草看花，漫步河边，在旁人眼中就像一个贪玩的小孩子。

九 州

我们的老祖宗很早就开始探索自己居住的土地了。传说在四五千年以前，发生了一场特别大的洪水，大禹为了治水，亲自踏遍了万水千山，对走过的地方做了详细记录，这些记录后来就被整理为《尚书·禹贡》。《禹贡》记载，大禹把天下分为九个区域，分别是冀州、兖（yǎn）州、青州、徐州、扬州、荆州、豫州、梁州、雍州，这就是所谓"九州"，后来我们也用九州大地来代指中国。

这些名字，有的直到现在还用。比如河北简称冀，河南简称豫。所以，下次看到一辆"豫"字开头的车牌的时候，你就知道它来自河南。

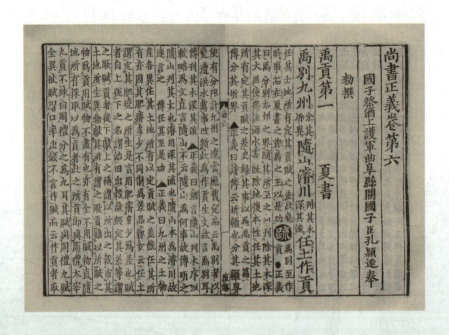

第 二 课

🔊 古人结婚，通常都在黄昏时分将新娘娶进家门，所以"婚"的形旁是"女"，声旁是"昏"，是形声字，表示结婚的意思。

🔊 女子结婚后就要与丈夫一起建立新的家庭，所以"嫁"的形旁是"女"，声旁是"家"，是形声字，表示女子出嫁的意思。

🔊 女子出嫁后就成为了别人家的媳妇。后来同一家族的晚辈的妻子也可以用"媳"，例如"儿媳""孙媳"。"媳"是形声字，形旁是"女"，声旁是"息"。

婆

🔊 "苦口婆心""老婆婆""巫婆"等词中的"婆"通常都是指年老的女人。这是一个形声字，形旁是"女"，声旁是"波"。后来也可以泛指已婚的女子，例如"老婆"。

开蒙启智

自古以来，中国人就非常重视学习。相信你的父母也经常督促你吧。

一

yíng bā suì　　néng yǒng shī　　bì qī
莹 八 岁， 能 咏 诗。 泌 七
suì　　néng fù qí　　bǐ yǐng wù　　rén chēng
岁， 能 赋 棋。 彼 颖 悟， 人 称
qí　　ěr yòu xué　　dāng xiào zhī
奇。 尔 幼 学， 当 效 之。

——《三字经》

📖 学与习

北魏人祖莹，八岁时就能作诗。唐代的李泌，七岁时就当着皇帝的面，以"棋"为题出口成章。他们都是聪明有悟性的人，年幼求学的孩子应当以他们为榜样。

一

quǎn shǒu yè　jī sī chén　gǒu bù
犬 守 夜，鸡 司 晨。苟 不
xué　hé wéi rén　cán tǔ sī　fēng niàng
学，曷 为 人。蚕 吐 丝，蜂 酿
mì　rén bù xué　bù rú wù
蜜。人 不 学，不 如 物。

——《三字经》

学与习

　　狗会值夜看家，鸡能清晨报晓。蚕会吐丝结茧，蜜蜂辛勤酿蜜。动物尚且有各自的本领，人如果不好好学习，何以成为一个真正的人呢？

春天是赏景、写诗的好时节。

城东早春
chéng dōng zǎo chūn

〔唐〕杨巨源
táng yáng jù yuán

诗家清景在新春，
shī jiā qīng jǐng zài xīn chūn

绿柳才黄半未匀。
lǜ liǔ cái huáng bàn wèi yún

若待上林花似锦，
ruò dài shàng lín huā sì jǐn

出门俱是看花人。
chū mén jù shì kàn huā rén

春日
chūn rì

〔南宋〕朱熹
nán sòng　zhū xī

胜 日 寻 芳 泗 水 滨，
shèng rì xún fāng sì shuǐ bīn

无 边 光 景 一 时 新。
wú biān guāng jǐng yì shí xīn

等 闲 识 得 东 风 面，
děng xián shí dé dōng fēng miàn

万 紫 千 红 总 是 春。
wàn zǐ qiān hóng zǒng shì chūn

学与习

　　杨巨源看到了柳树发出鹅黄色的新芽。朱熹看到了光彩照人的鲜花。你在春天看到了什么呢？

江 河

世界上很多古老的文明，都是由大河孕育的，比如埃及的尼罗河，印度的恒河，巴比伦的底格里斯河和幼发拉底河。而中华文明的摇篮，是我们的长江和黄河。

黄河在北，长江在南。这两条母亲河给我们的祖先提供了充足的水源，还有可以耕作、收获粮食的沃土。所以中国早期人类活动的痕迹，大都集中在长江或黄河边上。发现甲骨文的地方——殷墟，也在黄河流域。

古人说到"江"一般就是指长江，"河"就是指黄河。比如说，江东父老，就是指长江以东（长江在芜湖至南京一段向东北方向斜流，以此段江为标准确定东西）的家乡父老。

第 三 课

　　"米"（米）是象形字，像饱满的稻穗的样子。古人将水稻、高粱等谷物统称为米，中国人早在几千年前就会种植水稻，这些是人类最基本的粮食。今天"米"特指去掉了皮、壳的谷物，多指稻米。米字旁的字，大多和粮食作物有关。

　　"粒粒皆辛苦"的"粒"是形声字，声旁是"立"，形旁是"米"。因为"粒"的本来意思是米粒，后来凡是像米一样颗粒状的东西都能用"粒"来计量，例如"一粒花生""一粒珍珠"。

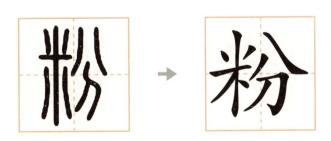

　　"面粉"的"粉"的形旁是"米"，表示和谷物有关，声旁是"分"。古人用工具将谷物切分、研磨成细细的碎末。后来不仅谷物，"粉"也可以表示各种细微的碎屑，例如空气中漂浮着"粉尘"。

粮

"粮"的形旁是"米",声旁是"良"。通常我们将水稻等谷类、小麦等麦类、大豆等豆类、马铃薯等薯类以及玉米等粗粮类通称为粮食。

精 → 精

"精细"的"精"的形旁是"米",表示和谷物有关,声旁是"青",原本指的是经过挑选的上等好米。"青"的读音是 qīng,与"精"的读音 jīng 韵母是一样的。

不要在衣食方面攀比。有了错，就及时改正。

一

ruò yī fú　　ruò yǐn shí
若衣服，若饮食，
bù rú rén　　wù shēng qī
不如人，勿生戚。

——《弟子规》

学与习

若，在这里是"比如"的意思，衣服饮食之类外在的东西不如别人，大可不必悲伤。

二

guò néng gǎi　　guī yú wú
过能改，归于无，
tǎng yǎn shì　　zēng yī gū
倘掩饰，增一辜。

——《弟子规》

学与习

"辜"的意思是罪过。知错就改最终没有人会记得你的错，但我们往往选择掩饰错误，这样只会错上加错，因此我们必须勇敢面对错误，及时纠正，不在同一个地方跌倒两次。

大声朗读这两首诗，你能说出它们的不同吗？

早春呈水部张十八员外

〔唐〕韩愈

天街小雨润如酥，
草色遥看近却无。
最是一年春好处，
绝胜烟柳满皇都。

春宵 (chūn xiāo)

〔北宋〕苏轼 (běi sòng sū shì)

春 (chūn) 宵 (xiāo) 一 (yí) 刻 (kè) 值 (zhí) 千 (qiān) 金 (jīn)，

花 (huā) 有 (yǒu) 清 (qīng) 香 (xiāng) 月 (yuè) 有 (yǒu) 阴 (yīn)。

歌 (gē) 管 (guǎn) 楼 (lóu) 台 (tái) 声 (shēng) 细 (xì) 细 (xì)，

秋 (qiū) 千 (qiān) 院 (yuàn) 落 (luò) 夜 (yè) 沉 (chén) 沉 (chén)。

 学与习

春雨如丝，小草的嫩芽似有似无。多么期待水边的柳树早些茂盛起来啊。

春天的夜晚，花香，月明，歌管楼台，乐声细细，秋千院落，夜色沉沉。

17

五 岳

中国的名山很多。但只有五座最有名的山才能称为"岳"，分别是东岳泰山，西岳华山，南岳衡山，北岳恒山，中岳嵩山。

五岳各有特色。泰山雄伟，孔子说"登泰山而小天下"。华山险峻（jùn），所以"自古华山一条路"。恒山有"悬空寺"的建筑奇观。衡山的景色五岳独秀。而嵩山是古人相信的天地中心，最为神秘，有许多古刹，少林寺就在其中。

五岳并非中国最高的五座山，但由于一代代人赋予它们丰富的文化意义，使它们成为我国文化史上不可替代的存在。

第 四 课

　　"食"（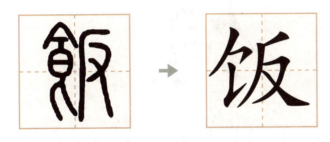）像一个装满了食物的餐具，顶上还有一张对着食物张开的口。所以食部的字大多和食物或吃有关，"食"做偏旁且在左边时简写作"饣"。

饭 → 饭

　　🔊"饭"的形旁是"饣"，表示和吃有关，声旁是反。"饭"最早是动词，表示吃，后来被用作名词，表示米饭。

青铜食器 豆

饼是很多国家、民族都有的传统食品之一，一般都是圆形或椭圆形，多由面粉做成。"饼"的形旁是"饣"，表示这是一种食物，声旁是"并"。

"饲养"的"饲"形旁是"饣"，表示和吃有关，声旁是"司"。人类在学会畜养牲畜后，每天除了要使全家人吃饱外，还要喂养牲畜。"饲"就是喂养的意思，用来喂养牲畜的东西就叫"饲料"。

"饱"形旁是"饣"，表示和吃有关，声旁是"包"，本义是吃饱。人吃饱后会觉得肚子里充满了食物，于是"饱"可以表示"饱满"。

遇到困难不要自暴自弃。

一

wù zì bào　wù zì qì
勿自暴，勿自弃。
shèng yǔ xián　kě xùn zhì
圣与贤，可驯致。

——《弟子规》

学与习

人们追求自我提升的过程中难免遇到低谷，此时容易自暴自弃。《弟子规》安慰大家道：圣贤并非遥不可及。驯致，就是在循序渐进中达到的意思。

二

xiōng dào yǒu　dì dào gōng
兄道友，弟道恭。
xiōng dì mù　xiào zài zhōng
兄弟睦，孝在中。

——《弟子规》

学与习

对以大家庭聚族而居形式生活的古人来说，"家和万事兴"里的"和"包括兄友弟恭，这个成语的反义词是兄弟阋（xì）墙（兄弟之间的斗争纠纷）。

这两首诗太有意思了，你有没有觉得它们像童话故事？

xuě méi èr shǒu qí yī
雪梅二首（其一）

nán sòng lú méi pō
〔南宋〕卢梅坡

méi xuě zhēng chūn wèi kěn xiáng
梅 雪 争 春 未 肯 降 ，

sāo rén gé bǐ fèi píng zhāng
骚 人 阁 笔 费 评 章 。

méi xū xùn xuě sān fēn bái
梅 须 逊 雪 三 分 白 ，

xuě què shū méi yí duàn xiāng
雪 却 输 梅 一 段 香 。

雪梅二首（其二）

〔南宋〕卢梅坡

有梅无雪不精神，

有雪无诗俗了人。

日暮诗成天又雪，

与梅并作十分春。

学与习

　　雪花和梅花争着说自己是春天的使者。但在诗人的眼中，梅花不及雪花白，雪花则没有梅花的香味。于是梅花和雪花决定和好，因为梅花如果没有雪花衬托，就显得不精神。

　　第一首诗中，"阁笔"就是"搁笔"的意思。

黄 山

传说我们的祖先黄帝曾在一座山中炼丹，后来这座山就姓了"黄"，这就是黄山的由来。明朝旅行家徐霞客，游览过黄山后赞叹说："登黄山，天下无山。"就是说海内外的名山，景色没有超过黄山的，后来，就有了"五岳归来不看山，黄山归来不看岳"的说法。

黄山的奇景，有"四绝"：奇松、怪石、云海、温泉。古今游人不绝。其中"迎客松"是黄山最具标志性的景物。

如果有机会去黄山，除了欣赏美景之外，也别忘了领略一下黄山脚下的徽州传统文化。

第 五 课

　　古人将细细的蚕丝扎在一起做成丝线。糸（mì）字旁（ ）像两股交缠在一起的细丝，两头都打了结。糸字旁的字，意义大多数都和丝线有关。"糸"做形旁大多在左边，简化为"纟"。

　　"编排"的"编"是形声字，形旁是"纟"表示与丝线有关，声旁是"扁"。古人将细丝绞在一起做成丝线，再用丝线编织成衣服等制品。

第五课

25

🔊 "绸缎"的"缎"是形声字，形旁是"纟"，表示与丝线有关，声旁是"段"。缎是一种细密、光亮、平滑的丝织品，在古代是较为名贵的衣料。

🔊 "花纹"的"纹"是形声字，形旁是"纟"，表示与丝线有关，声旁是"文"，兼表意。从古字形看，右半边的"文"像几条交错的线条。所以"纹"就是指纺织品上的线条。后来各种物体上的线条都可以叫"纹"，例如"指纹"就是手指上的线条。

🔊 "刺绣"的"绣"是形声字，形旁是"纟"，表示与丝线有关，古代用"肃"来作声旁，后来人们把声旁换成了"秀"。在丝织品上绣花叫做"刺绣"。我国自古以来就有精湛的刺绣工艺，著名的有苏绣、粤绣、湘绣、蜀绣等。

讲秩序，讲信用，才能与人相处好。

一

huò yǐn shí　　huò zuò zǒu
或 饮 食 ， 或 坐 走 ，
zhǎng zhě xiān　　yòu zhě hòu
长 者 先 ， 幼 者 后 。

——《弟子规》

学与习

同学们有没有注意过餐桌礼仪和电梯礼仪？无论是集体用餐，还是日常在家吃饭，你知道要等长者先动筷，自己作为幼者才可以举筷吗？平时进出电梯，有礼让老者、长者的习惯吗？

二

fán chū yán　　xìn wéi xiān
凡 出 言 ， 信 为 先 。
zhà yǔ wàng　　xī kě yān
诈 与 妄 ， 奚 可 焉 ？

——《弟子规》

学与习

要么不说，说了就要负责任，对人许诺也要守信用。撒谎、胡说，都是大忌。

这两首诗都很有名，一定要背出来哦。以后若在河边、公园里看到柳树，你会想起这些诗句的。

寒食

〔唐〕韩翃

春城无处不飞花，
寒食东风御柳斜。
日暮汉宫传蜡烛，
轻烟散入五侯家。

绝句 (jué jù)

〔南宋 (nán sòng)〕僧志南 (sēng zhì nán)

古 (gǔ) 木 (mù) 阴 (yīn) 中 (zhōng) 系 (jì) 短 (duǎn) 篷 (péng)，

杖 (zhàng) 藜 (lí) 扶 (fú) 我 (wǒ) 过 (guò) 桥 (qiáo) 东 (dōng)。

沾 (zhān) 衣 (yī) 欲 (yù) 湿 (shī) 杏 (xìng) 花 (huā) 雨 (yǔ)，

吹 (chuī) 面 (miàn) 不 (bù) 寒 (hán) 杨 (yáng) 柳 (liǔ) 风 (fēng)。

学与习

寒食节里，东风拂面，飞花处处，杨柳依依。按照礼节，这天不能生火做饭，但是王公贵族们却不管这些。

诗人在高大的古树下拴好小船，拄着拐杖，走过小桥，欣赏美丽的春光。杏花开得正好，丝丝细雨下个不停，仿佛想要淋湿诗人的衣裳。阵阵微风吹在脸上却不使人感到寒冷。

29

喜马拉雅山

我国的喜马拉雅山，是世界上海拔最高的山脉，其中的珠穆朗玛峰更是世界最高峰。

为什么喜马拉雅山和别的山不同，有个这样长的名字呢？原来喜马拉雅山位于青藏高原南巅边缘，是中国与印度、尼泊尔、不丹、巴基斯坦等国的天然界山。附近世代居住着中国的藏族同胞和南亚的其他民族，语言、文化都与汉族不同。"喜马拉雅"是梵语的音译，意思是"雪的故乡"，而"珠穆朗玛"则是藏语，是女神的名字。喜马拉雅山因为它的雄伟挺拔，终年积雪，因此十分圣洁、庄严。在当地人的心目中，是不可侵犯的神圣之山。

第 六 课

衣字旁（衤）像一件古人穿的衣领开向右边的上衣的样子。古人把上身穿的衣服称为"衣"。今天"衣"字泛指所有的衣服。衣字旁的字大多和服装有关。"衣"做形旁而且在左边时写成"衤"。

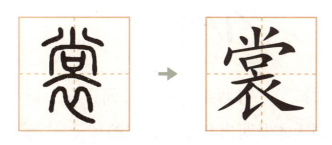

古人把上身穿的衣服称为"衣"，把下身穿的衣服称为"裳"，由于古人无论男女都可以穿裙子，所以"裳"其实是裙子，读cháng。"裳"是形声字，形旁是"衣"，声旁是"尚"。现在说"衣裳（shang）"时，就是泛指穿的衣服，不像古代人分上衣下裳。

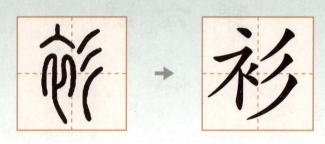

📣 "衬衫""汗衫"的"衫"是形声字，形旁是"衤"，声旁是"彡（shān）"。古人把轻薄的上衣统称为"衫"。

📣 最早的裤子只有两条裤腿，外面再穿上裙子遮羞。一直要到汉代中国人才发明出和今天相似的裤子。"裤"是形声字，形旁是"衤"，声旁是"库"。

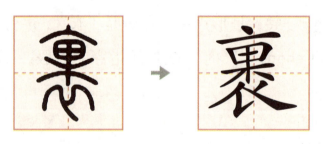

📣 "裹"是个很特别的形声字。它的形旁是一个上下拆开的"衣"字，中间的"果"是声旁。"裹"是包住、缠住的意思，例如"把伤口包裹起来"。

没有根据，不要乱说。

一

huà shuō duō　　bù rú shǎo
话 说 多， 不 如 少。
wéi qí shì　　wù nìng qiǎo
惟 其 是， 勿 佞 巧。

——《弟子规》

学与习

谨言慎行，言多必失。本着实事求是的原则，既不要人云亦云，也不可巧舌如簧。

二

jiàn wèi zhēn　　wù qīng yán
见 未 真， 勿 轻 言。
zhī wèi dí　　wù qīng chuán
知 未 的， 勿 轻 传。

——《弟子规》

学与习

眼见为实都不能保证百分之百，更何况还是没在现场瞧准了的。没有真凭实据的话，即为谣言，散播开去，便如覆水难收。

如果看到邻居家有一朵漂亮的小花伸出围墙,你会怎么做?

春晴
chūn qíng

〔唐〕王驾
táng wáng jià

雨前初见花间蕊,
yǔ qián chū jiàn huā jiān ruǐ

雨后全无叶底花。
yǔ hòu quán wú yè dǐ huā

蜂蝶纷纷过墙去,
fēng dié fēn fēn guò qiáng qù

却疑春色在邻家。
què yí chūn sè zài lín jiā

34

游园不值

〔南宋〕叶绍翁

应怜屐齿印苍苔，
小扣柴扉久不开。
春色满园关不住，
一枝红杏出墙来。

📖 学与习

　　一场大雨过后，花瓣都被打落。蜜蜂蝴蝶纷纷飞去邻居家，难道邻家的花瓣没有被打落？

　　叶绍翁想去赏花，可是园子的主人不在，正遗憾时，忽然看见一枝漂亮的红杏伸出围墙。

35

五湖四海

《论语》中有一句话："四海之内，皆兄弟也。"意思是，天下所有的人，都可以作为自己的兄弟。中国人自古有这样的胸怀，所以我们常说，不论来自"五湖四海"，都可以是一家人。那么，这五湖四海究竟都是些什么湖，什么海呢？古代的说法很多，现在一般认为，"五湖"是洞庭湖、鄱（pó）阳湖、太湖、巢湖、洪泽湖，"四海"是东海、黄海、南海、渤海。

我国其实只有东部和南部临海，但是更早的古人却相信天下四面都被海包围着。所以，看《西游记》时，发现有东、南、西、北这四海龙王的时候，也不必奇怪。

第 七 课

　　宀字头（宀）像房屋的墙壁和屋顶的样子，宀字头的字，意义大多和房屋有关。广字头（广）像半个房墙和屋顶，最早指一种依山崖建造的房屋。广字头的字，意义大多也和房屋有关。

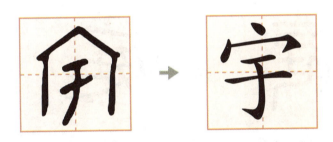

　　"宇"是形声字，形旁是"宀"，声旁是"于"。这个字最初指的是屋檐，后来也可以表示整个房屋，例如"楼宇"，后来也可以用来指上下四方整个空间，例如"宇宙"。

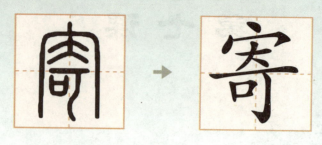

🔊 "寄"是形声字,形旁是"宀",声旁是"奇"。这是个动词,表示一个人借住在别人家,例如"寄宿"。我们也可以用"寄"表示把东西存放在别人那里,例如"寄放";或者表示托人递送东西,例如"寄信"。

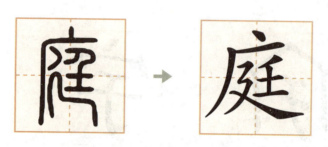

🔊 "庭"是形声字,形旁是"广",声旁是"廷"。这个字可以指家里的大厅,也可以指屋子外的院子。也可以表示一些严肃、重要的政府工作的场所,例如"王庭""法庭"。

🔊 "府"是形声字,形旁是"广",声旁是"付",原指古代官府储存财物或文书的地方,如"府库"。后也指官员办公的地方,例如"官府"。也可以用于达官贵人住的地方,例如"王府"。

开蒙启智

你知道应该如何向别人借东西吗？

一

yòng rén wù，xū míng qiú，
用 人 物， 须 明 求，
tǎng bú wèn，jí wéi tōu
倘 不 问， 即 为 偷。

——《弟子规》

学与习

不告而拿就叫偷。

二

jiè rén wù，jí shí huán，
借 人 物， 及 时 还，
hòu yǒu jí，jiè bù nán
后 有 急， 借 不 难。

——《弟子规》

学与习

有借有还，再借不难。

看到下面两首诗中的相同之处了吗？不过它们的意思却有些不同哦。

春 暮
chūn mù

〔南宋〕曹豳
nán sòng　cáo bīn

门 外 无 人 问 落 花 ，
mén wài wú rén wèn luò huā

绿 阴 冉 冉 遍 天 涯 。
lǜ yīn rǎn rǎn biàn tiān yá

林 莺 啼 到 无 声 处 ，
lín yīng tí dào wú shēng chù

青 草 池 塘 独 听 蛙
qīng cǎo chí táng dú tīng wā

有约

yǒu yuē

〔南宋〕赵师秀

nán sòng zhào shī xiù

黄梅时节家家雨，
huáng méi shí jié jiā jiā yǔ

青草池塘处处蛙。
qīng cǎo chí táng chù chù wā

有约不来过夜半，
yǒu yuē bù lái guò yè bàn

闲敲棋子落灯花。
xián qiāo qí zǐ luò dēng huā

📖 学与习

曹豳在感叹春天即将离开：树头花瓣凋零，黄莺鸟不再啼鸣。而赵师秀则在感叹客人说好要来，可是久等不来。或许是因为下雨？

41

太 湖

太湖在长江下游，物产丰饶（ráo）。江浙一带，自古是鱼米之乡。南宋的时候，老百姓就说，"苏湖熟，天下足"。那时候太湖流域已经是全国的粮仓。如今，太湖出产一百多种鱼，小而鲜美的白虾，贵重的太湖珍珠，还有人们最爱的大闸蟹，真可谓一座水中的宝库。

太湖也孕育了吴越文化。战国时代，吴越相争，打了不少大仗。最终越王勾践卧薪尝胆，打败了吴王夫差（fú chāi）。据说越王手下最聪明的大将军范蠡（lǐ），在战争胜利后，带着美丽的西施一起，泛舟太湖，不知所终。

第 八 课

　　"木"（米）是象形字，上面是枝干，下面是根。木字旁的字，意思大多和树木有关系。

　　"柏"是一种四季常绿、分布很广的树，左边的木字旁代表它是一种树木，是形旁；右边的"白"表示它的读音，是声旁。松柏四季常青，古人常用来作为坚贞人格的象征。

　　中国人到了秋季爱吃柿子，因为柿子味甜多汁。而且柿子能熬糖、酿酒、制醋，还有医疗作用。有些年画中有百合与柿子放在一起的画面，就寓意"百事（柿）如意"。"柿"的形旁是"木"，声旁是"市"。

梧桐是一种高大挺直的树木，在我国的南方、北方都有广泛的种植。我们在城市的道路两旁经常能看到树冠高大的梧桐树。梧桐在古代文学作品中常常代表着崇高、美好的人格。"桐"的形旁是"木"，声旁是"同"。

梅花是我国的传统名花，作为传春报喜、吉庆的象征，从古至今一直被中国人视为吉祥之物。梅、兰、竹、菊被古代文人誉为"四君子"。由于梅花通常在寒冷的冬天开放，花蕊娇小，花香清幽，所以古人赋予了冬梅清高自傲、与世无争的品德。"梅"的形旁是"木"，声旁是"每"。

开蒙启智

学好样，改缺点。

一

jiàn rén shàn　　jí sī qí
见 人 善，　即 思 齐，
zòng qù yuǎn　　yǐ jiàn jī
纵 去 远，　以 渐 跻。

——《弟子规》

学与习

"见贤思齐"这个成语相信大家都不陌生。纵使距离"圣贤"的境界还远，也别丢弃一步步向上的精神头。

二

jiàn rén è　　jí nèi xǐng
见 人 恶，　即 内 省。
yǒu zé gǎi　　wú jiā jǐng
有 则 改，　无 加 警。

——《弟子规》

学与习

对于别人的不良言行，第一反应不是指责，不是倨（jù）傲，而是反省自己，有则改之，无则加勉，提高警惕。

春天走了，夏天来了，风景不同了。

初夏睡起
chū xià shuì qǐ

〔南宋〕杨万里
nán sòng　yáng wàn lǐ

梅子流酸溅齿牙，
méi zǐ liú suān jiàn chǐ yá

芭蕉分绿上窗纱。
bā jiāo fēn lù shàng chuāng shā

日长睡起无情思，
rì cháng shuì qǐ wú qíng sī

闲看儿童捉柳花。
xián kàn ér tóng zhuō liǔ huā

kè zhōng chū xià
客中初夏

〔北宋〕司马光

四月清和雨乍晴，
南山当户转分明。
更无柳絮因风起，
惟有葵花向日倾。

📖 学与习

　　夏天来了，梅子熟了，芭蕉绿了。一场大雨过后，南山明丽，再无柳絮飞扬的景象了，只有向日葵在阳光的沐浴下尽情绽放。

47

鄱 阳 湖

鄱阳湖在江西省北部，长江之南。因为洞庭湖近年来湖面缩小，鄱阳湖现在成了中国最大的淡水湖。

古时候，鄱阳湖被称为"彭蠡（lǐ）"。王勃的《滕王阁序》里面说道："渔舟唱晚，响穷彭蠡之滨；雁阵惊寒，声断衡阳之浦。"讲的就是鄱阳湖夕阳映照渔舟的美景。

但鄱阳湖并不一直平静，元朝末年，朱元璋和陈友谅曾经在鄱阳湖打了一场大水战，这次战役被认为是中世纪世界规模最大的水战。双方参与人数八十余万，出动无数大小船舰。这次大战中，朱元璋取得了完全的胜利，为统一江南奠定了基础。

第 九 课

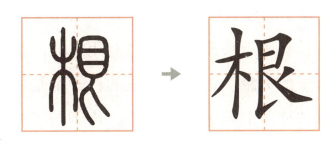

🔊 我们从"根深蒂固""根深叶茂"等成语中可以发现，树根对整棵树的健康成长有着非常重要的作用。因为树木要通过根部来吸收水分和养料，也要靠粗壮的树根牢牢抓住地面不被风吹走。树根使大树得以成长，因此"根"就有了根本、本源的意思。"根"的形旁是"木"，声旁是"艮"。"艮"的读音是 gèn。

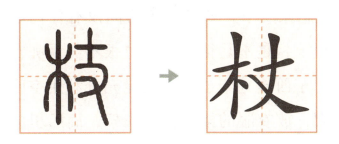

🔊 大文豪苏东坡有句诗说"竹杖芒鞋轻胜马"，是说他穿着草鞋，拄着竹杖，在山里面健步如飞，比骑马还轻快。很多古人出行都喜欢带根手杖，这并不是因为他们年老或者生病，而是一种逍遥和悠闲的生活方式。"杖"的形旁是"木"，声旁是"丈"。

第九课

49

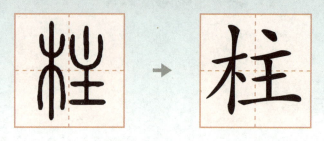

🔊 我们在大型的建筑物里常常能看到又粗又高的柱子，有圆的，有方的，有用石头砌成的，也有用水泥浇灌成的。这些柱子是支撑房子的关键。古人房子里的柱子都是用粗大的木头做成的，所以"柱"的形旁是"木"，声旁是"主"。柱子是支撑房子的关键部分，所以人们用"台柱""支柱"来形容很重要的人或事物。

🔊 同学们想象一下，如果一个房间没有任何家具，所有东西都散堆在地上，是不是很不方面也很不美观呢？在房间里搭几个架子，把东西放到架子上，就能充分利用空间了。放书的架子就叫书架，放衣服的架子就叫衣架，商店里放商品的架子就叫货架。"架"的形旁是"木"，声旁是"加"。

多说人好，少说人坏。

一

rén yǒu duǎn   qiè mò jiē
人 有 短 ， 切 莫 揭 。
rén yǒu sī   qiè mò shuō
人 有 私 ， 切 莫 说 。

——《弟子规》

学与习

　　哪壶不开提哪壶说的就是揭人短。现在，大家对隐私也很重视，张家长李家短是正人君子所不齿的。

二

dào rén shàn   jí shì shàn
道 人 善 ， 即 是 善 。
rén zhī zhī   yù sī miǎn
人 知 之 ， 愈 思 勉 。

——《弟子规》

学与习

　　多夸赞别人，激发别人的向善之心，让每个人都与人为善，岂不皆大欢喜？

你去过夏天的乡村吗？让我们从诗句中体会一下。

夏日田园杂兴（其一）

〔南宋〕范成大

梅子金黄杏子肥，
麦花雪白菜花稀。
日长篱落无人过，
惟有蜻蜓蛱蝶飞。

52

夏日田园杂兴（其七）
xià rì tián yuán zá xìng （qí qī）

〔南宋〕范成大
nán sòng　fàn chéng dà

昼出耘田夜绩麻，
zhòu chū yún tián yè jì má

村庄儿女各当家。
cūn zhuāng ér nǚ gè dāng jiā

童孙未解供耕织，
tóng sūn wèi jiě gòng gēng zhī

也傍桑阴学种瓜。
yě bàng sāng yīn xué zhòng guā

📖 学与习

　　夏天，水果蔬菜茁壮成长，蜻蜓蝴蝶上下翻飞，大人小孩各忙各的，多有情趣啊。

洞 庭 湖

"八月湖水平，涵虚混太清，气蒸云梦泽，波撼岳阳城。"孟浩然诗里所写的，就是洞庭湖的壮观景色。八百里碧波的洞庭湖，和湖边的岳阳楼，吸引了一批大文豪，其中最有名的大概要数范仲淹。他写的《岳阳楼记》中，"先天下之忧而忧，后天下之乐而乐"的千古名句，把洞庭湖、岳阳楼和一种伟大的境界结合起来了。

洞庭湖中有翠绿的君山岛，据说舜帝和两个妃子娥皇、女英就葬在这里，化作湘水之神。屈原写下伤感的诗歌，称他们为湘君和湘夫人。古老传说又为洞庭湖增添了几许神秘色彩。

第 十 课

　　我们常说"水是生命之源"，我们的祖先还相信土地能够孕育生命，所以非常敬重土地。土字旁或土字底的字，意义大多和土有关。

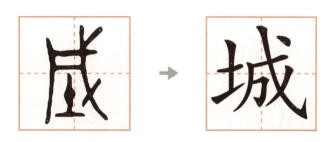

　　"城墙"的"城"是形声字，形旁是"土"，因为最早的城墙大多是用夯土建的，声旁是"成"。人们住在环绕的城墙以内，就形成了城市。

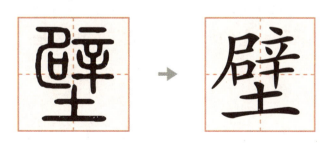

　　古时候有个勤奋好学的孩子名叫匡衡，他想在晚上看书，但家里很穷，点不起灯，他就偷偷地在墙壁上钻了一个小洞，借邻居家的光线看。这就是成语"凿壁借光"的故事。匡衡能在墙壁上钻洞，是因为古人的墙壁都是土打成的，所以"壁"的形旁是"土"，声旁是"辟"。

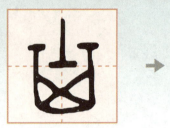 

 学习要打好"基础"，造房子要打好"地基"。打地基就是在造房子之前将底下的土层夯实，这样能使房屋更稳固，不会因为土层松垮而倾斜或下陷。"基"是形声字，形旁是"土"，声旁是"其"。

 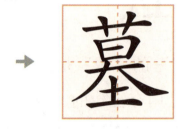

 以前，一个人过世后他的家人要将他的遗体放在棺材中，再在地上挖一个深坑把棺材埋下去，再用土把坑填平，这就形成了一个"墓"。它的形旁是"土"，声旁是"莫"。

讲究整洁是重要的修养。

一

chén bì guàn   jiān shù kǒu
晨 必 盥 ， 兼 漱 口 。
biàn niào huí   zhé jìng shǒu
便 溺 回 ， 辄 净 手 。

——《弟子规》

学与习

虽然古人没有自来水、淋浴器，但及时盥洗的卫生习惯早就有。

二

guān bì zhèng
冠 必 正 ，
niǔ bì jié
纽 必 结 。
wà yǔ lǚ
袜 与 履 ，
jù jǐn qiè
俱 紧 切 。

——《弟子规》

学与习

即使便装，也要讲究搭配和整洁。这是一种礼貌，是一种修养。

大声读，背出来。这真是好诗啊！

鸟鸣涧
niǎo míng jiàn

〔唐〕王维
táng wáng wéi

rén xián guì huā luò
人 闲 桂 花 落 ，

yè jìng chūn shān kōng
夜 静 春 山 空 。

yuè chū jīng shān niǎo
月 出 惊 山 鸟 ，

shí míng chūn jiàn zhōng
时 鸣 春 涧 中 。

山中送别
shān zhōng sòng bié

〔唐〕王维
táng wáng wéi

山 中 相 送 罢 ，
shān zhōng xiāng sòng bà

日 暮 掩 柴 扉 。
rì mù yǎn chái fēi

春 草 明 年 绿 ，
chūn cǎo míng nián lǜ

王 孙 归 不 归 。
wáng sūn guī bù guī

📖 学与习

你看到月夜中一只小鸟受惊飞起吗？你听到它在鸣叫吗？

王维才送走客人，就希望来年客人还能再来做客，可见他们的友情之深。

大 运 河

和其他江河湖海不同，运河是人工开凿的大河，凝聚着人类的血汗和智慧。中国的京杭大运河是世界上最长的古代运河，已列入联合国世界文化遗产名录。

我国的河流，几乎都是从西向东流。南北方之间没有河流贯通。而大运河沟通钱塘江、长江、淮河、黄河、海河五大水系，南起杭州，北到北京，所以叫做京杭大运河。运河给沿岸带来了富庶和方便，自古商船往来不绝，是一条经济大动脉。

下令开凿大运河的隋炀（yáng）帝，是一个好大喜功的皇帝。为了开凿运河，一次就发动十万民工，给百姓带来沉重负担。但开凿运河本身，还是一件利国利民的好事。